Introduzione al GDPR e alla Normativa Italiana

1.1 Contesto Normativo Europeo: Il GDPR

Il Regolamento Generale sulla Protezione dei Dati (GDPR), entrato in vigore il 25 maggio 2018, rappresenta il principale strumento normativo a livello europeo per la protezione dei dati personali. Il GDPR è nato con l'obiettivo di garantire una gestione uniforme dei dati personali in tutti i Paesi membri dell'Unione Europea, armonizzando le leggi nazionali e ponendo al centro il diritto alla protezione dei dati personali come diritto fondamentale.

Il GDPR introduce importanti concetti che sono ormai centrali nella gestione della privacy, come il principio di **accountability**, secondo il quale i titolari del trattamento devono non solo rispettare le norme, ma anche dimostrare di aver adottato misure adeguate per garantire la conformità.

Principi fondamentali del GDPR

1. **Liceità, correttezza e trasparenza:** il trattamento dei dati deve essere condotto in modo legittimo e trasparente, informando l'interessato sulle finalità e modalità del trattamento.
2. **Limitazione delle finalità:** i dati devono essere raccolti per scopi specifici, espliciti e legittimi e non devono essere trattati in modo incompatibile con tali finalità.
3. **Minimizzazione dei dati:** i dati raccolti devono essere adeguati, pertinenti e limitati a quanto necessario rispetto alle finalità per le quali sono trattati.
4. **Esattezza:** i dati devono essere aggiornati e corretti; qualsiasi dato inesatto deve essere rettificato o cancellato senza ritardo.
5. **Limitazione della conservazione:** i dati devono essere conservati in una forma che permetta l'identificazione degli interessati per un periodo non superiore a quello necessario rispetto alle finalità del trattamento.
6. **Integrità e riservatezza:** i dati devono essere trattati in modo da garantirne la sicurezza, inclusa la protezione da trattamenti non autorizzati o illeciti e dalla perdita, distruzione o danno accidentale, tramite misure tecniche e organizzative adeguate.

Introduzione

Nel contesto attuale, caratterizzato da una crescente digitalizzazione e dall'uso massiccio dei dati, la protezione delle informazioni personali è diventata una questione di fondamentale importanza per gli Enti Locali. Il Regolamento Generale sulla Protezione dei Dati (GDPR) dell'Unione Europea ha stabilito norme chiare e rigorose per garantire che i dati personali siano trattati in modo lecito, equo e trasparente, tutelando così i diritti dei cittadini.

Questo manuale nasce con l'intento di fornire un quadro completo e pratico per la gestione dei dati personali da parte degli Enti Locali, aiutando a comprendere non solo le disposizioni normative ma anche le migliori pratiche da adottare. Il contenuto è stato strutturato per accompagnare i lettori attraverso i diversi aspetti del trattamento dei dati, dalla pianificazione alla realizzazione, dalla gestione delle richieste degli interessati alle modalità di cooperazione con le autorità di controllo.

Ogni sezione del manuale affronta temi cruciali, come l'importanza della trasparenza, le responsabilità degli Enti, le misure di sicurezza da implementare e le modalità di rendicontazione delle attività di trattamento. Attraverso esempi pratici e casi studio, si intende illustrare come diverse realtà locali abbiano affrontato le sfide della compliance e abbiano sviluppato soluzioni efficaci per garantire la protezione dei dati.

In un'epoca in cui la fiducia dei cittadini nelle istituzioni è messa alla prova, questo manuale rappresenta un utile strumento per rafforzare la cultura della protezione dei dati all'interno degli Enti Locali. L'obiettivo finale è non solo quello di rispettare le normative, ma anche di promuovere un ambiente in cui i diritti dei cittadini siano rispettati e valorizzati.

Con la speranza che questo manuale possa servire da guida utile e ispiratrice, invitiamo tutti i lettori a impegnarsi attivamente nella protezione dei dati personali, contribuendo così a costruire una società più giusta e rispettosa dei diritti di tutti.

7. **Accountability:** il titolare del trattamento è responsabile del rispetto dei principi sopra elencati e deve essere in grado di dimostrarne la conformità.

1.2 Il GDPR negli Enti Locali

Gli Enti Locali, come Comuni, Provincie e Regioni, trattano una vasta gamma di dati personali per l'erogazione di servizi pubblici essenziali. Tra i dati trattati ci sono informazioni anagrafiche, dati sensibili relativi a salute, etnia e situazione economica, e dati giudiziari. Questo rende l'applicazione del GDPR particolarmente complessa, richiedendo misure di sicurezza adeguate e una gestione accurata di ogni fase del trattamento.

Le sfide specifiche degli Enti Locali

La gestione dei dati negli Enti Locali presenta alcune sfide particolari, tra cui:

- **La molteplicità dei trattamenti:** ogni Ente Locale gestisce più trattamenti di dati, dal censimento della popolazione ai servizi sociali e sanitari, fino ai tributi locali e alle pratiche edilizie.
- **Dati sensibili e giudiziari:** molti dei dati trattati dagli Enti Locali rientrano nella categoria dei dati sensibili

(es. dati sanitari, informazioni su minori) e richiedono quindi misure di sicurezza potenziate.

- **Coordinamento tra uffici:** la frammentazione dei dipartimenti e degli uffici all'interno degli enti rende necessaria una stretta collaborazione per assicurare la conformità al GDPR.

1.3 Il Codice Privacy Italiano e i Provvedimenti del Garante

In Italia, il GDPR è stato integrato dal **D.lgs. 101/2018**, che ha modificato il precedente Codice in materia di protezione dei dati personali (D.lgs. 196/2003), adattandolo alle previsioni del regolamento europeo. Il Garante per la Protezione dei Dati Personali svolge un ruolo fondamentale nell'interpretazione e nell'applicazione del GDPR in Italia, emanando periodicamente provvedimenti, linee guida e sanzioni.

Le linee guida del Garante

Il Garante ha fornito una serie di indicazioni per l'applicazione del GDPR negli Enti Locali, tra cui:

- La corretta gestione del **registro dei trattamenti**, che deve essere sempre aggiornato e disponibile.

- La nomina del **Responsabile della Protezione dei Dati (DPO)**, obbligatoria per gli Enti Locali.
- La necessità di effettuare **valutazioni di impatto sulla protezione dei dati** (DPIA) per i trattamenti che possono presentare un rischio elevato per i diritti e le libertà delle persone fisiche.

1.4 Importanza della Formazione e Consapevolezza

Per garantire una corretta applicazione del GDPR, è essenziale che tutto il personale degli Enti Locali sia adeguatamente formato. La normativa non deve essere vista come un semplice obbligo burocratico, ma come un'opportunità per migliorare la sicurezza e l'efficienza nella gestione dei dati. La formazione periodica del personale, specialmente nei reparti che trattano dati sensibili, è uno strumento indispensabile per evitare violazioni e sanzioni.

2. Ruoli e responsabilità negli Enti Locali

2.1 Il Titolare del Trattamento

Negli Enti Locali, il **Titolare del Trattamento** è la figura responsabile di determinare le finalità e i mezzi del trattamento dei dati personali. Nella maggior parte dei casi, questo ruolo è attribuito all'Ente stesso, rappresentato legalmente dal suo rappresentante legale (ad esempio, il Sindaco o il Presidente). Tuttavia, è importante ricordare che il titolare può delegare alcune funzioni a persone o uffici interni, mantenendo comunque la responsabilità finale del trattamento.

Le responsabilità del Titolare del Trattamento

Il Titolare del Trattamento ha numerosi obblighi, tra cui:

- **Assicurare la conformità al GDPR:** Il titolare deve garantire che tutti i trattamenti dei dati siano conformi alla normativa. Ciò comporta l'adozione di misure tecniche e organizzative adeguate.

- **Gestire i rischi legati al trattamento dei dati:** Deve valutare i rischi che i trattamenti di dati comportano per i diritti e le libertà degli interessati e implementare misure per mitigare tali rischi.
- **Nomina dei Responsabili del Trattamento:** Se il trattamento dei dati viene delegato a terzi (ad esempio, una società esterna di gestione IT), il titolare deve nominare formalmente un responsabile del trattamento, concludendo un contratto che ne disciplini le attività.
- **Registro dei trattamenti:** Il titolare è obbligato a mantenere un registro delle attività di trattamento svolte dall'ente. Questo registro deve essere aggiornato e disponibile in caso di richieste da parte dell'autorità di controllo (Garante Privacy).

2.2 Il Responsabile del Trattamento

Il **Responsabile del Trattamento** è una figura esterna o interna che tratta i dati per conto del titolare. Negli Enti Locali, questa figura può essere rappresentata da fornitori esterni di servizi (ad esempio, una società che gestisce il sistema informatico comunale) o da uffici interni che svolgono specifiche funzioni di trattamento dei dati.

Obblighi del Responsabile del Trattamento

Il responsabile del trattamento ha i seguenti obblighi:

- **Operare sotto istruzioni del titolare:** Il responsabile deve trattare i dati personali solo su documentata istruzione del titolare, a meno che non sia richiesto diversamente dalla legge.
- **Garantire la sicurezza del trattamento:** Il responsabile deve adottare tutte le misure tecniche e organizzative per garantire la sicurezza dei dati trattati, incluse misure contro la perdita, la divulgazione o l'accesso non autorizzato.
- **Sub-responsabili:** Se il responsabile decide di delegare parte del trattamento a un sub-responsabile (ad esempio, un subappaltatore), deve ottenere l'autorizzazione scritta del titolare e garantire che il sub-responsabile rispetti gli stessi standard di sicurezza.

2.3 Il Data Protection Officer (DPO)

Negli Enti Locali, la nomina di un **Responsabile della Protezione dei Dati (DPO)** è obbligatoria ai sensi del GDPR.

Il DPO svolge un ruolo fondamentale, fungendo da consulente interno e contatto principale per il Garante Privacy.

Compiti principali del DPO:

- **Monitorare la conformità:** Il DPO ha il compito di vigilare sul rispetto del GDPR all'interno dell'ente, garantendo che le politiche adottate siano corrette e che il personale riceva formazione adeguata.
- **Consulenza e supporto:** Fornisce consulenza su tutte le questioni relative alla protezione dei dati, incluso il rispetto dei principi di protezione dei dati fin dalla progettazione e per impostazione predefinita.
- **Valutazione d'impatto sulla protezione dei dati (DPIA):** Il DPO deve assistere il titolare e il responsabile del trattamento nell'esecuzione delle DPIA, richieste per trattamenti che possono presentare un rischio elevato per i diritti e le libertà degli individui.
- **Punto di contatto con il Garante:** Il DPO è il principale interlocutore tra l'Ente Locale e l'Autorità

Garante per qualsiasi questione riguardante il trattamento dei dati.

Requisiti del DPO:

Secondo il GDPR, il DPO deve possedere una conoscenza specialistica della normativa e delle pratiche di protezione dei dati. Non è necessario che sia un dipendente dell'ente, ma può essere un consulente esterno. L'indipendenza del DPO è fondamentale: non deve ricevere istruzioni dal titolare o dal responsabile del trattamento riguardo all'esercizio delle sue funzioni.

2.4 Il Responsabile Interno per la Protezione dei Dati

In molti Enti Locali, può essere utile designare un **Responsabile Interno per la Protezione dei Dati**, che collabora con il DPO nella gestione operativa della privacy. Questo ruolo può essere affidato a un funzionario con specifiche competenze in materia di gestione dei dati personali. Il responsabile interno agisce come punto di riferimento per gli uffici dell'Ente Locale e può occuparsi di attività pratiche quali l'aggiornamento del registro dei trattamenti e il coordinamento della formazione del personale.

2.5 Il Personale degli Enti Locali e la Formazione

Un altro elemento fondamentale per la corretta gestione della privacy negli Enti Locali è il personale. Ogni dipendente, infatti, può trovarsi nella condizione di dover trattare dati personali nell'ambito delle proprie mansioni. Per questo motivo, è cruciale che tutti i dipendenti ricevano una formazione adeguata in tema di protezione dei dati.

La formazione del personale:

- **Formazione continua:** La formazione non deve essere un'attività una tantum, ma un processo continuo, soprattutto per il personale che gestisce dati sensibili o giudiziari.
- **Specificità per ufficio:** Ogni ufficio dell'Ente Locale tratta dati diversi e con modalità differenti. Pertanto, è importante che la formazione sia specifica per il tipo di dati trattati e le procedure applicabili.

- **Consapevolezza dei rischi:** È fondamentale sensibilizzare i dipendenti sui rischi legati alla gestione dei dati, incluse le potenziali sanzioni per il mancato rispetto della normativa.

2.6 Rapporti tra DPO e Responsabili del Trattamento

Un aspetto cruciale della gestione della privacy negli Enti Locali è la collaborazione tra il DPO e i responsabili del trattamento. Questa collaborazione deve basarsi su una comunicazione aperta e costante, con il DPO che fornisce supporto e consulenza ai responsabili del trattamento per garantire che le misure di protezione dei dati siano adeguate.

Modelli di cooperazione:

- **Sessioni di aggiornamento:** È consigliabile organizzare sessioni periodiche tra il DPO e i responsabili del trattamento per affrontare nuove problematiche o aggiornamenti normativi.

- **Verifica periodica:** Il DPO dovrebbe partecipare alla verifica delle misure adottate dai responsabili del trattamento per garantire che siano sempre in linea con il GDPR.

3. Tipologie di Dati Trattati dagli Enti Locali

Gli Enti Locali trattano una grande varietà di dati personali per l'erogazione dei servizi ai cittadini. Comprendere le diverse tipologie di dati è essenziale per applicare correttamente le misure di protezione richieste dal GDPR e dalla normativa italiana. Questa sezione fornirà una panoramica delle principali categorie di dati trattati dagli Enti Locali e delle specifiche problematiche che possono emergere.

3.1 Categorie di Dati Personali

Il GDPR classifica i dati personali in diverse categorie, che variano in base al loro livello di sensibilità. Gli Enti Locali si trovano a trattare sia **dati personali "comuni"** sia **dati personali particolari** (o sensibili), oltre ai **dati giudiziari**.

Dati Personali Comuni

I **dati personali comuni** sono quelli che permettono di identificare un individuo direttamente o indirettamente, ma non rientrano tra le categorie più sensibili. Alcuni esempi di dati comuni trattati dagli Enti Locali sono:

- **Dati anagrafici:** Nome, cognome, data e luogo di nascita, indirizzo di residenza.
- **Dati di contatto:** Numero di telefono, indirizzo e-mail.
- **Codice fiscale e altre informazioni identificative.**

Questi dati vengono spesso trattati per fini amministrativi, come l'iscrizione all'anagrafe comunale, la gestione delle tasse locali, o l'erogazione di servizi pubblici.

Dati Particolari (o Sensibili)

I **dati particolari** sono quelli che, in base al GDPR, richiedono una protezione maggiore poiché il loro trattamento potrebbe comportare un rischio elevato per i diritti e le libertà degli individui. Gli Enti Locali trattano spesso i seguenti dati sensibili:

- **Dati relativi alla salute:** Informazioni sanitarie per la gestione di servizi sociali e sanitari, come i servizi di assistenza domiciliare o i contributi per l'acquisto di farmaci.
- **Dati relativi all'origine etnica o razziale:** Ad esempio, nelle richieste di contributi per l'integrazione sociale di cittadini stranieri o rifugiati.
- **Dati relativi alle opinioni politiche, convinzioni religiose o filosofiche:** Trattati in specifiche situazioni, come per l'organizzazione di eventi pubblici o il supporto a comunità religiose.

- **Dati biometrici:** In alcuni casi, gli Enti Locali possono trattare dati biometrici per finalità di sicurezza o controllo degli accessi a edifici comunali.

Dati Giudiziari

I **dati giudiziari** sono informazioni relative a condanne penali e reati, e il loro trattamento è soggetto a regole rigorose. Gli Enti Locali possono trattare dati giudiziari, ad esempio, nel contesto di:

- **Richieste di certificati di carichi pendenti o casellario giudiziale.**
- **Servizi di assistenza sociale per persone condannate o con precedenti penali.**
- **Attività di polizia municipale.**

Il trattamento di questi dati richiede misure di sicurezza elevate e deve essere limitato solo a ciò che è strettamente necessario per le finalità previste.

3.2 Finalità e Modalità del Trattamento

Gli Enti Locali trattano i dati personali per molteplici finalità legate all'erogazione di servizi pubblici, alla gestione amministrativa e all'attività di controllo del territorio. Ecco alcune delle principali finalità di trattamento:

Servizi Anagrafici

Gli uffici anagrafici dei Comuni raccolgono e trattano dati personali per la registrazione della popolazione residente e l'aggiornamento continuo delle informazioni. Questi trattamenti comprendono la raccolta di dati di nascita, morte, matrimonio, cambi di residenza e cittadinanza.

Gestione dei Tributi Locali

La gestione delle imposte locali, come l'IMU o la TARI, richiede il trattamento di dati anagrafici e dati relativi alla proprietà immobiliare. Questi dati vengono utilizzati per la determinazione e l'esazione delle imposte, oltre che per il controllo del pagamento e delle eventuali morosità.

Servizi Sociali e Sanitari

Gli Enti Locali forniscono servizi sociali e sanitari alla cittadinanza, trattando dati personali particolarmente sensibili. Tra questi vi sono i dati relativi alla salute, alla disabilità, alla situazione economica e al supporto fornito a minori o a persone vulnerabili. È importante che gli Enti Locali adottino misure di sicurezza adeguate per proteggere questi dati, considerando il loro elevato livello di sensibilità.

Gestione del Territorio e Edilizia

Gli uffici tecnici comunali trattano dati relativi a proprietà immobiliari, licenze edilizie e certificazioni urbanistiche. Questi dati possono riguardare sia persone fisiche che giuridiche e sono fondamentali per la gestione delle pratiche edilizie e urbanistiche.

3.3 Conservazione dei Dati Personali

Una delle questioni cruciali per gli Enti Locali è la gestione dei tempi di conservazione dei dati personali. Il GDPR impone che i dati personali siano conservati solo per il tempo necessario a raggiungere le finalità per le quali sono stati raccolti, dopodiché devono essere cancellati o resi anonimi.

Negli Enti Locali, la gestione della conservazione dei dati può essere complessa a causa delle diverse normative settoriali che prevedono obblighi di archiviazione. Ad esempio:

- I dati anagrafici devono essere conservati per tutta la durata della vita del soggetto e oltre, per motivi storici e di pubblico interesse.

- I dati relativi ai tributi locali devono essere conservati per almeno 10 anni, in conformità alle normative fiscali.
- I dati sanitari e sociali possono avere obblighi di conservazione differenti a seconda del tipo di servizio e delle normative specifiche.

3.4 Trattamenti Automatizzati e Profilazione

Un altro aspetto che riguarda sempre più gli Enti Locali è l'uso di strumenti tecnologici avanzati per il trattamento automatizzato dei dati. Questo può includere l'utilizzo di software per l'elaborazione di grandi quantità di dati o l'uso di algoritmi per migliorare l'efficienza dei servizi offerti.

In alcuni casi, gli Enti Locali potrebbero adottare tecniche di **profilazione**, ovvero il trattamento automatizzato dei dati volto a valutare aspetti personali di un individuo, come le sue abitudini di consumo o la sua situazione economica. È importante che la profilazione avvenga in modo conforme alle normative e che gli interessati siano informati adeguatamente.

3.5 La Pseudonimizzazione e la Crittografia

Nel trattamento di dati sensibili o giudiziari, gli Enti Locali possono adottare misure di sicurezza avanzate come la **pseudonimizzazione** o la **crittografia**.

- **Pseudonimizzazione:** Consiste nel sostituire i dati identificativi diretti (come il nome o il codice fiscale)

con identificatori non riconducibili direttamente all'individuo, riducendo così i rischi in caso di accessi non autorizzati.
- **Crittografia:** La crittografia consiste nella codifica dei dati in modo tale che solo chi possiede la chiave di decrittazione possa accedervi. Questa misura è particolarmente utile per proteggere i dati trasmessi attraverso reti non sicure o memorizzati su supporti elettronici.

4. Basi Giuridiche per il Trattamento dei Dati negli Enti Locali

Il trattamento dei dati personali da parte degli Enti Locali deve sempre trovare fondamento in una base giuridica conforme al

Regolamento (UE) 2016/679 (GDPR). Questo capitolo esaminerà le principali basi giuridiche che gli Enti Locali possono invocare per legittimare il trattamento dei dati personali nell'ambito delle loro attività istituzionali.

4.1 Esecuzione di un Compito di Interesse Pubblico o Connesso all'Esercizio di Pubblici Poteri

Una delle basi giuridiche più rilevanti per gli Enti Locali è l'art. 6, par. 1, lett. e) del GDPR, che consente il trattamento dei dati personali quando è necessario per l'esecuzione di un compito di interesse pubblico o connesso all'esercizio di pubblici poteri di cui è investito il titolare del trattamento. Questa base legittima molti dei trattamenti effettuati dagli Enti Locali, come:

- **Gestione dei servizi anagrafici e di stato civile.**
- **Erogazione di servizi sociali e sanitari.**
- **Gestione dei tributi e delle entrate locali.**
- **Attività di vigilanza e controllo del territorio.**

La normativa italiana (ad esempio, il Codice dell'Amministrazione Digitale, il Codice della Privacy e altre leggi settoriali) specifica ulteriormente i compiti degli Enti Locali che giustificano il trattamento dei dati.

4.2 Obblighi Legali

Gli Enti Locali possono trattare i dati personali anche quando il trattamento è necessario per adempiere a un **obbligo legale** (art. 6, par. 1, lett. c) del GDPR). Questo riguarda situazioni in cui una legge nazionale o dell'Unione Europea impone all'ente l'obbligo di trattare determinati dati personali. Alcuni esempi includono:

- **Conservazione dei dati contabili e fiscali.**
- **Registrazione e trasmissione di dati relativi al casellario giudiziale.**
-

- **Notifica di atti amministrativi, quali multe o sanzioni.**

In questi casi, l'Ente Locale deve essere in grado di indicare chiaramente la norma di legge o regolamento che giustifica il trattamento dei dati.

4.3 Consenso dell'Interessato

Sebbene molte delle attività di trattamento degli Enti Locali siano legittimate da obblighi legali o dall'esercizio di funzioni pubbliche, ci sono situazioni in cui è necessario raccogliere il **consenso esplicito** dell'interessato (art. 6, par. 1, lett. a) del GDPR). Questo avviene soprattutto quando:

- **L'Ente Locale offre servizi facoltativi o su richiesta del cittadino, come l'iscrizione a newsletter informative.**
- **Trattamenti non strettamente legati all'esecuzione di funzioni istituzionali, ma che richiedono comunque l'uso di dati personali.**

In questi casi, il consenso deve essere:

- **Libero:** Il cittadino deve poter decidere volontariamente se fornire il proprio consenso, senza costrizioni.
- **Specifico e informato:** L'Ente Locale deve informare chiaramente il cittadino sulle finalità del trattamento e sulle modalità con cui i dati saranno utilizzati.

- **Revocabile:** Il consenso può essere revocato in qualsiasi momento dall'interessato, senza che questo pregiudichi la liceità del trattamento già effettuato.

4.4 Esecuzione di un Contratto o Misure Precontrattuali

Gli Enti Locali possono trattare dati personali quando il trattamento è necessario per l'**esecuzione di un contratto** di cui l'interessato è parte o per l'esecuzione di misure precontrattuali su richiesta dello stesso (art. 6, par. 1, lett. b) del GDPR). Questo avviene, ad esempio, nelle seguenti situazioni:

- **Contratti di fornitura di servizi pubblici (ad esempio, gestione dell'acqua, rifiuti, trasporti).**
- **Contratti di locazione di immobili di proprietà dell'Ente.**

- **Contratti di appalto e concessione.**

In tali casi, il trattamento dei dati è strettamente legato alla necessità di adempiere agli obblighi contrattuali o precontrattuali e non richiede ulteriore consenso da parte dell'interessato.

4.5 Tutela degli Interessi Vitali dell'Interessato o di Altri

In situazioni di emergenza o pericoli per la vita o l'incolumità fisica, gli Enti Locali possono trattare i dati personali per la **tutela degli interessi vitali** dell'interessato o di altre persone (art. 6, par. 1, lett. d) del GDPR). Questo potrebbe includere:

- **Interventi di soccorso pubblico o protezione civile in caso di disastri naturali o emergenze sanitarie.**
- **Gestione di servizi di assistenza per persone in situazioni di pericolo, come minori o anziani vulnerabili.**

In tali casi, la priorità è garantire la sicurezza e la salute delle persone, e il trattamento dei dati può avvenire senza il consenso dell'interessato, ma solo per il tempo strettamente necessario.

4.6 Legittimo Interesse dell'Ente Locale

Il trattamento può essere basato sul **legittimo interesse** del titolare o di terzi (art. 6, par. 1, lett. f) del GDPR) solo in casi eccezionali, quando non rientra nelle altre basi giuridiche, e sempre bilanciando tale interesse con i diritti e le libertà fondamentali dell'interessato. Negli Enti Locali, l'invocazione del legittimo interesse deve essere valutata con estrema attenzione, poiché la loro attività è prevalentemente regolata da compiti di interesse pubblico.

Un esempio potrebbe essere:

- **Monitoraggio della sicurezza informatica per la protezione dei dati e delle infrastrutture.**

Anche in questo caso, l'Ente Locale deve documentare adeguatamente la valutazione del bilanciamento degli interessi.

4.7 Trattamento di Dati Sensibili e Giudiziari: Condizioni Particolari

Il trattamento di **dati particolari** (art. 9 del GDPR), come i dati relativi alla salute, e di **dati giudiziari** (art. 10 del GDPR) è soggetto a restrizioni ulteriori rispetto ai dati comuni. Gli Enti Locali possono trattare tali dati solo in presenza di specifiche condizioni previste dalla normativa.

Dati particolari

Il trattamento di dati sensibili, come quelli relativi alla salute, deve essere giustificato da specifiche esigenze. Alcuni esempi di giustificazione includono:

- **Motivi di interesse pubblico rilevante, come la gestione dei servizi sociali o sanitari.**
- **Obblighi legali in ambito sanitario o assistenziale.**
- **Tutela degli interessi vitali della persona o di terzi.**

Dati giudiziari

I dati giudiziari possono essere trattati solo quando previsto espressamente dalla legge o da regolamenti. Negli Enti Locali, ciò avviene, ad esempio, quando l'ente gestisce il rilascio di certificati relativi al casellario giudiziale o svolge attività di polizia locale.

5. Diritti degli Interessati

Uno degli elementi centrali del Regolamento (UE) 2016/679 (GDPR) è la tutela dei diritti degli interessati, ossia le persone fisiche i cui dati vengono trattati. Gli Enti Locali, in quanto titolari del trattamento, devono garantire il pieno rispetto di tali diritti e predisporre adeguati strumenti per permettere agli interessati di esercitarli in modo efficace e tempestivo.

In questa sezione, esamineremo i principali diritti riconosciuti dal GDPR e il modo in cui gli Enti Locali possono implementare procedure interne per rispondervi correttamente.

5.1 Diritto di Accesso

Ai sensi dell'art. 15 del GDPR, gli interessati hanno il **diritto di ottenere la conferma** che sia o meno in corso un trattamento di dati personali che li riguarda e, in tal caso, di accedere a tali dati e ricevere le seguenti informazioni:

- Le finalità del trattamento.
- Le categorie di dati personali trattati.

- I destinatari o le categorie di destinatari a cui i dati sono stati o saranno comunicati.
- Il periodo di conservazione previsto.
- L'esistenza del diritto di rettifica, cancellazione, limitazione del trattamento o opposizione.
- Il diritto di presentare reclamo a un'autorità di controllo.

Gli Enti Locali devono predisporre procedure che consentano agli interessati di esercitare agevolmente questo diritto, ad esempio attraverso moduli online o sportelli dedicati.

5.2 Diritto di Rettifica

L'art. 16 del GDPR garantisce agli interessati il **diritto di ottenere la rettifica** dei dati personali inesatti che li riguardano senza ingiustificato ritardo. Inoltre, l'interessato ha il diritto di far integrare i dati incompleti, fornendo una dichiarazione supplementare.

Gli Enti Locali devono predisporre meccanismi per permettere agli interessati di segnalare eventuali errori nei propri dati e richiederne la correzione, garantendo che le informazioni siano aggiornate e corrette.

5.3 Diritto alla Cancellazione (Diritto all'Oblio)

L'art. 17 del GDPR prevede il **diritto alla cancellazione** (anche noto come "diritto all'oblio") dei dati personali che riguardano l'interessato in determinate circostanze, tra cui:

- Quando i dati non sono più necessari rispetto alle finalità per cui sono stati raccolti.
- Quando l'interessato revoca il consenso su cui si basa il trattamento e non sussiste altra base giuridica.
- Quando l'interessato si oppone al trattamento (art. 21 del GDPR) e non esistono motivi legittimi prevalenti.
- Quando i dati sono stati trattati illecitamente.

Tuttavia, il diritto alla cancellazione non è assoluto e non si applica quando il trattamento dei dati è necessario per l'adempimento di un obbligo legale o per l'esecuzione di un compito di interesse pubblico. Negli Enti Locali, ciò può verificarsi spesso, ad esempio nella gestione di archivi storici o di documentazione fiscale.

5.4 Diritto alla Limitazione del Trattamento

L'art. 18 del GDPR riconosce agli interessati il **diritto di ottenere la limitazione del trattamento** in specifiche circostanze:

- Quando l'interessato contesta l'esattezza dei dati personali, per il periodo necessario al titolare per verificarne l'accuratezza.
- Quando il trattamento è illecito e l'interessato si oppone alla cancellazione dei dati chiedendo invece che ne sia limitato l'uso.
- Quando i dati personali non sono più necessari per le finalità del trattamento, ma sono necessari per l'interessato per l'accertamento, l'esercizio o la difesa di un diritto in sede giudiziaria.
- Quando l'interessato si è opposto al trattamento ai sensi dell'art. 21 del GDPR, in attesa della verifica in merito alla prevalenza dei motivi legittimi del titolare rispetto a quelli dell'interessato.

La limitazione del trattamento comporta che i dati possono essere conservati, ma non utilizzati per altre finalità, salvo il consenso dell'interessato o per ragioni legali.

5.5 Diritto alla Portabilità dei Dati

L'art. 20 del GDPR introduce il **diritto alla portabilità dei dati**, che consente agli interessati di ricevere in un formato strutturato, di uso comune e leggibile da dispositivo automatico i dati personali che li riguardano e che hanno fornito a un titolare del trattamento. L'interessato ha anche il diritto di trasmettere tali dati a un altro titolare senza impedimenti.

Per gli Enti Locali, questo diritto si applica prevalentemente quando il trattamento si basa sul consenso o su un contratto, e viene effettuato con strumenti automatizzati. Esempi includono la richiesta di trasferimento di dati anagrafici tra Comuni o il passaggio di dati relativi ai tributi locali.

5.6 Diritto di Opposizione

Ai sensi dell'art. 21 del GDPR, l'interessato ha il **diritto di opporsi** in qualsiasi momento, per motivi connessi alla sua situazione particolare, al trattamento dei dati personali che lo riguardano basato su un compito di interesse pubblico o sull'esercizio di pubblici poteri (art. 6, par. 1, lett. e) del GDPR).

Gli Enti Locali devono tenere conto di tale diritto, garantendo che l'opposizione sia trattata adeguatamente, tranne nei casi in cui esistano motivi legittimi cogenti per continuare il trattamento, come la necessità di adempiere a un obbligo legale.

5.7 Diritto di Non Essere Sottoposto a Decisioni Automatizzate

L'art. 22 del GDPR riconosce il **diritto di non essere sottoposto a una decisione basata unicamente su trattamenti automatizzati**, inclusa la profilazione, che produca effetti giuridici o abbia un impatto significativo sull'interessato.

Per quanto riguarda gli Enti Locali, questo diritto può risultare rilevante qualora vengano adottati sistemi di automazione o algoritmi per determinare l'erogazione di determinati servizi. In tali casi, gli interessati devono poter richiedere un intervento umano e contestare la decisione.

5.8 Modalità di Esercizio dei Diritti

Gli Enti Locali devono predisporre procedure chiare e accessibili per consentire agli interessati di esercitare i propri diritti in conformità al GDPR. Questo può includere:

- **Piattaforme online dedicate alla gestione delle richieste.**
- **Moduli standardizzati per facilitare la presentazione delle richieste.**
- **Tempi certi per la risposta, che in generale non devono superare un mese.**

Inoltre, gli Enti Locali devono formare adeguatamente il personale e i Responsabili della protezione dei dati per garantire il corretto trattamento delle richieste degli interessati e l'adozione di misure adeguate per il rispetto dei diritti.

6. Sicurezza dei Dati Personali e Gestione delle Violazioni

La sicurezza dei dati personali è uno dei pilastri del Regolamento Generale sulla Protezione dei Dati (GDPR). Gli Enti Locali, in quanto titolari del trattamento, sono obbligati a garantire che i dati personali siano trattati in modo sicuro e che siano protetti da accessi non autorizzati, divulgazioni, alterazioni o distruzioni. Inoltre, il GDPR impone agli enti di gestire e segnalare tempestivamente eventuali violazioni dei dati personali (data breach).

Questa sezione si concentrerà sulle misure di sicurezza da adottare e sulle procedure per la gestione delle violazioni.

6.1 Principio di Sicurezza e Riservatezza

L'art. 32 del GDPR impone ai titolari del trattamento di implementare misure tecniche e organizzative adeguate a garantire un livello di sicurezza commisurato al rischio, tenendo conto delle conoscenze più recenti, dei costi di

attuazione e della natura, ambito di applicazione, contesto e finalità del trattamento.

Le principali misure che gli Enti Locali devono adottare includono:

- **Pseudonimizzazione e crittografia** dei dati personali, laddove possibile.
- **Sistemi di controllo degli accessi** per garantire che solo il personale autorizzato possa accedere ai dati personali.
- **Monitoraggio continuo** delle reti e dei sistemi informatici per prevenire accessi non autorizzati o attività sospette.
- **Backup regolari** dei dati per evitare la perdita o l'indisponibilità dei dati in caso di incidenti informatici.
- **Formazione del personale** per sensibilizzare i dipendenti sugli obblighi legati alla protezione dei dati personali e sulle buone pratiche da seguire.

6.2 Analisi del Rischio

Prima di adottare misure di sicurezza, gli Enti Locali devono effettuare un'**analisi dei rischi** relativi al trattamento dei dati personali. Tale analisi deve considerare diversi fattori, tra cui:

- **La tipologia di dati trattati**, con particolare attenzione ai dati particolari o sensibili, come quelli relativi alla salute, all'origine etnica o all'appartenenza sindacale.
- **Il volume dei dati trattati** e la frequenza del loro trattamento.
- **Le modalità di trattamento**, considerando se il trattamento avviene in modo automatizzato o manuale.
- **Le potenziali minacce** a cui i dati possono essere esposti, come accessi non autorizzati, attacchi informatici o perdite accidentali.

L'esito dell'analisi dei rischi determinerà il livello di protezione necessario e le misure di sicurezza da adottare.

6.3 Misure Tecniche e Organizzative

Le **misure tecniche e organizzative** che gli Enti Locali devono adottare possono variare in base ai risultati dell'analisi del rischio, ma includono generalmente:

- **Firewall e software antivirus** aggiornati per proteggere i sistemi informatici da attacchi esterni.
-

- **Sistemi di autenticazione forte** (ad esempio, password complesse e autenticazione a due fattori) per accedere ai dati.
- **Crittografia dei dati**, soprattutto durante la loro trasmissione, per impedire che vengano intercettati da terzi.
- **Politiche di gestione dei dispositivi mobili** per garantire che anche i dispositivi utilizzati fuori sede siano protetti adeguatamente.
- **Procedure di sicurezza fisica** nei locali dove i dati vengono trattati, come sistemi di videosorveglianza e controlli degli accessi fisici.

A livello organizzativo, gli Enti Locali devono assicurarsi che:

- Sia **nominato un Responsabile della Protezione dei Dati (DPO)**, che monitori il rispetto del GDPR e assista l'ente nell'adozione delle misure di sicurezza.
- Siano predisposte **procedure interne** per garantire la sicurezza dei dati durante tutte le fasi del loro ciclo di vita (raccolta, trattamento, conservazione, cancellazione).
-

- Sia garantita la **formazione periodica del personale** sulla protezione dei dati personali e sulle norme interne di sicurezza.

6.4 Gestione delle Violazioni di Dati Personali (Data Breach)

L'art. 33 del GDPR impone agli Enti Locali di notificare all'**Autorità Garante per la protezione dei dati personali** le violazioni dei dati personali senza ingiustificato ritardo e, ove possibile, entro 72 ore dalla loro scoperta. La violazione deve essere notificata quando comporta un rischio per i diritti e le libertà degli interessati.

Le violazioni di dati personali possono includere:

- **Perdita o furto di dati personali** conservati su dispositivi non protetti (ad esempio, chiavette USB o laptop).
- **Accesso non autorizzato** ai dati personali, ad esempio in caso di attacchi hacker.
- **Distruzione o danneggiamento accidentale** di dati personali.

In caso di violazione, gli Enti Locali devono attivare immediatamente un **piano di gestione delle emergenze** che preveda i seguenti passaggi:

1. **Identificazione della violazione** e analisi della sua portata.
2. **Notifica all'Autorità Garante**, includendo le seguenti informazioni:
   - La natura della violazione dei dati.
   - Le categorie e il numero approssimativo di interessati coinvolti.
   - Le categorie e il numero approssimativo di record dei dati compromessi.

- o Le conseguenze della violazione.
- o Le misure adottate o proposte per porre rimedio alla violazione e mitigarne gli effetti negativi.
3. **Notifica agli interessati**, quando la violazione presenta un rischio elevato per i loro diritti e libertà. La notifica deve essere chiara e fornire informazioni pratiche su come gli interessati possono proteggersi dalle conseguenze della violazione.
4. **Azioni correttive** per porre rimedio alla violazione e prevenire incidenti futuri, come il rafforzamento delle misure di sicurezza o la revisione delle politiche interne.

6.5 Registro delle Violazioni di Dati Personali

Gli Enti Locali devono mantenere un **registro delle violazioni di dati personali** (art. 33, par. 5 del GDPR), nel quale devono essere annotate tutte le violazioni, anche quelle per le quali non è stata necessaria una notifica all'Autorità Garante. Il registro deve contenere:

- La descrizione della violazione.
- Le misure adottate per risolvere la situazione.
- Eventuali segnalazioni inviate al Garante o agli interessati.

Il registro delle violazioni permette all'ente di monitorare costantemente la propria esposizione al rischio e adottare strategie preventive adeguate.

7. Responsabilità e Conformità degli Enti Locali

Il Regolamento (UE) 2016/679 (GDPR) introduce il principio di **responsabilità proattiva** (accountability), imponendo ai titolari del trattamento, inclusi gli Enti Locali, l'onere di dimostrare la conformità alle normative sulla protezione dei dati. In questa sezione, esploreremo le responsabilità degli Enti Locali, le pratiche di conformità e l'importanza di una cultura della protezione dei dati.

7.1 Principio di Responsabilità Proattiva

Il principio di responsabilità proattiva richiede che gli Enti Locali non solo rispettino le disposizioni del GDPR, ma che siano anche in grado di dimostrare tale conformità. Ciò implica l'adozione di misure e procedure che dimostrino l'impegno dell'ente nella protezione dei dati personali.

Gli Enti Locali devono implementare misure di protezione dei dati fin dalla progettazione (privacy by design) e per impostazione predefinita (privacy by default). Ciò significa che devono considerare la protezione dei dati in tutte le fasi di sviluppo di nuovi progetti e iniziative, garantendo che solo i dati necessari vengano trattati e che siano protetti adeguatamente.

7.2 Documentazione e Registro delle Attività di Trattamento

Gli Enti Locali devono mantenere una **documentazione dettagliata** delle attività di trattamento dei dati personali, ai sensi dell'art. 30 del GDPR. Questo registro deve contenere informazioni come:

- Le finalità del trattamento.
- Le categorie di dati trattati e degli interessati.
- I destinatari dei dati.
- I trasferimenti di dati verso paesi terzi o organizzazioni internazionali.
- I termini di conservazione dei dati.

La registrazione delle attività di trattamento è essenziale per dimostrare la conformità e per facilitare eventuali audit o ispezioni da parte dell'Autorità Garante.

7.3 Valutazioni d'Impatto sulla Protezione dei Dati (DPIA)

In determinati casi, gli Enti Locali sono obbligati a condurre una **Valutazione d'Impatto sulla Protezione dei Dati** (DPIA), secondo l'art. 35 del GDPR. Le DPIA devono essere effettuate quando un trattamento può comportare un rischio elevato per i diritti e le libertà degli interessati, ad esempio nei seguenti casi:

- Trattamenti su larga scala di categorie particolari di dati.

- Monitoraggio sistematico di aree pubbliche su larga scala.
- Utilizzo di nuove tecnologie che comportano rischi per la privacy.

La DPIA deve comprendere una descrizione del trattamento, una valutazione della necessità e proporzionalità del trattamento e delle misure adottate per mitigare i rischi. Se la DPIA evidenzia un rischio residuo non mitigabile, l'ente deve consultare l'Autorità Garante prima di procedere con il trattamento.

7.4 Formazione e Sensibilizzazione del Personale

Una parte fondamentale della responsabilità degli Enti Locali è la **formazione del personale** sul trattamento dei dati personali e sulle normative vigenti. Il personale deve essere consapevole delle proprie responsabilità e dei rischi associati al trattamento dei dati.

Le attività di formazione devono essere regolari e aggiornate, coprendo argomenti quali:

- Le basi della protezione dei dati e il GDPR.
- I diritti degli interessati.
- Le procedure interne per la gestione dei dati e delle violazioni.
- Le misure di sicurezza da adottare.

Una cultura della protezione dei dati all'interno dell'ente aiuta a ridurre il rischio di violazioni e a garantire che tutti i dipendenti agiscano in conformità con le politiche e le procedure stabilite.

7.5 Audit e Monitoraggio della Conformità

Gli Enti Locali devono effettuare **audit periodici** per verificare la conformità alle normative sulla protezione dei dati. Gli audit possono includere la revisione delle procedure interne, delle misure di sicurezza adottate e della gestione delle richieste degli interessati.

Inoltre, gli Enti devono monitorare costantemente le attività di trattamento e valutare eventuali cambiamenti nelle normative o nelle pratiche di settore che possano influenzare la conformità.

L'esito degli audit deve essere documentato e utilizzato per migliorare continuamente le pratiche di gestione dei dati.

7.6 Sanzioni e Responsabilità

In caso di violazioni del GDPR, gli Enti Locali possono essere soggetti a sanzioni significative da parte dell'Autorità Garante. Le sanzioni possono variare a seconda della gravità della violazione e possono includere:

- **Multa amministrativa** fino a 20 milioni di euro o fino al 4% del fatturato annuale globale, a seconda di quale sia maggiore.
- **Sanzioni aggiuntive**, come ordini di cessazione del trattamento o la limitazione dei diritti dell'interessato.

Per mitigare il rischio di sanzioni, è fondamentale che gli Enti Locali dimostrino la loro conformità e adottino misure appropriate per prevenire violazioni.

7.7 Collaborazione con l'Autorità Garante

Gli Enti Locali devono mantenere un rapporto di **collaborazione attiva** con l'Autorità Garante per la protezione dei dati personali. Ciò include la comunicazione tempestiva di eventuali violazioni e la richiesta di chiarimenti o linee guida in caso di incertezze sull'applicazione del GDPR.

Inoltre, la collaborazione con l'Autorità Garante può includere la partecipazione a consultazioni pubbliche, seminari e workshop per rimanere aggiornati sulle migliori pratiche e sulle normative in continua evoluzione.

8. Gestione dei Diritti degli Interessati

Il GDPR riconosce una serie di diritti agli interessati riguardo ai loro dati personali. Gli Enti Locali, in qualità di titolari del trattamento, devono garantire il rispetto e l'effettiva attuazione di questi diritti. In questa sezione, esploreremo i diritti degli interessati e le modalità con cui gli Enti possono gestirli in modo efficace.

8.1 Diritti Fondamentali degli Interessati

Gli interessati hanno diritto a:

- **Diritto di accesso**: Gli interessati possono richiedere di sapere se i loro dati personali sono trattati e, in tal caso, di accedere a tali dati, ricevendo informazioni su finalità, categorie di dati e destinatari.
- **Diritto di rettifica**: Gli interessati possono richiedere la correzione di dati personali inaccurati o incompleti.
- **Diritto alla cancellazione (diritto all'oblio)**: Gli interessati possono chiedere la cancellazione dei propri
- dati personali quando non sono più necessari per le finalità per cui sono stati raccolti o trattati.
- **Diritto di limitazione del trattamento**: Gli interessati possono richiedere la limitazione del trattamento in determinate circostanze, ad esempio quando contestano l'accuratezza dei dati.
- **Diritto alla portabilità dei dati**: Gli interessati hanno il diritto di ricevere i dati personali forniti a un titolare del trattamento in un formato strutturato, di uso comune e leggibile da un dispositivo automatico.
- **Diritto di opposizione**: Gli interessati possono opporsi al trattamento dei propri dati personali in qualsiasi

momento, soprattutto se il trattamento è basato su interessi legittimi o avviene a fini di marketing diretto.

- **Diritto di non essere soggetto a decisioni automatizzate**: Gli interessati hanno il diritto di non essere soggetti a decisioni basate esclusivamente sul trattamento automatizzato, salvo alcune eccezioni specifiche.

8.2 Procedure per la Gestione delle Richieste degli Interessati

Per garantire l'effettivo esercizio dei diritti degli interessati, gli Enti Locali devono stabilire procedure chiare e trasparenti. Queste procedure dovrebbero includere:

- **Canali di contatto**: Gli Enti devono fornire informazioni sui canali tramite i quali gli interessati possono presentare richieste (ad esempio, email, moduli online, sportelli fisici).

- **Tempistiche di risposta**: Gli Enti devono impegnarsi a rispondere alle richieste degli interessati entro un mese dalla ricezione. Tale termine può essere esteso a due mesi in caso di richieste complesse, ma l'interessato deve essere informato di tale estensione.
- **Verifica dell'identità**: Prima di soddisfare una richiesta, gli Enti devono verificare l'identità dell'interessato per garantire che non vi siano divulgazioni non autorizzate di dati personali.
- **Documentazione delle richieste**: È fondamentale mantenere un registro delle richieste ricevute e delle
- relative risposte, al fine di monitorare e dimostrare la conformità alle normative.

8.3 Formazione del Personale

Il personale degli Enti Locali deve essere formato sulle procedure relative ai diritti degli interessati e su come gestire le richieste in modo efficiente e conforme. La formazione dovrebbe includere:

- Comprensione dei diritti degli interessati e delle responsabilità dell'ente.
- Procedure per la gestione delle richieste e per la verifica dell'identità degli interessati.
- Importanza della riservatezza e della sicurezza nella gestione delle informazioni personali.

8.4 Monitoraggio e Revisione delle Procedure

Gli Enti Locali devono monitorare regolarmente l'efficacia delle loro procedure per la gestione dei diritti degli interessati. Questo monitoraggio può includere:

- **Audit interni** per valutare l'efficienza delle procedure e l'adeguatezza delle risposte fornite agli interessati.
- **Analisi delle richieste** per identificare eventuali tendenze o problematiche ricorrenti, che possano richiedere modifiche nelle politiche o nei processi interni.

8.5 Comunicazione con gli Interessati

Una comunicazione chiara e trasparente con gli interessati è fondamentale. Gli Enti Locali devono:

- Fornire informazioni dettagliate sui diritti degli interessati in modo accessibile e comprensibile, ad esempio tramite informative sulla privacy.
- Informare gli interessati su come esercitare i propri diritti e quali sono le procedure da seguire.
- Garantire che i messaggi siano redatti in un linguaggio semplice e che siano facilmente reperibili sui siti web istituzionali.

8.6 Reclami e Ricorsi

Gli interessati hanno il diritto di presentare un reclamo all'Autorità Garante se ritengono che il trattamento dei loro dati non sia conforme al GDPR. Gli Enti Locali devono fornire informazioni su come presentare un reclamo e assicurarsi che tali informazioni siano facilmente accessibili.

Inoltre, devono anche prevedere procedure interne per gestire eventuali contestazioni e ricorsi da parte degli interessati, garantendo che le problematiche vengano affrontate in modo tempestivo e professionale.

9. Sicurezza nel Trattamento dei Dati Personali

La sicurezza dei dati personali è un elemento cruciale per garantire la protezione degli interessati e il rispetto della normativa GDPR. Gli Enti Locali devono adottare misure tecniche e organizzative adeguate per proteggere i dati da accessi non autorizzati, divulgazione, alterazione o distruzione. In questa sezione, esploreremo le misure di sicurezza necessarie e le best practices per gli Enti Locali.

9.1 Principi di Sicurezza dei Dati

Gli Enti Locali devono seguire alcuni principi fondamentali di sicurezza dei dati:

- **Riservatezza**: Assicurare che solo le persone autorizzate possano accedere ai dati personali.
- **Integrità**: Garantire che i dati siano accurati e completi e che non siano stati alterati in modo non autorizzato.
- **Disponibilità**: Assicurare che i dati siano accessibili e utilizzabili quando necessario, prevenendo la perdita di dati a causa di guasti tecnici o attacchi informatici.

9.2 Misure di Sicurezza Tecniche

Gli Enti Locali devono implementare misure tecniche di sicurezza, tra cui:

- **Crittografia**: Utilizzare tecnologie di crittografia per proteggere i dati sia in transito che a riposo, rendendo i dati inaccessibili a chi non possiede le chiavi appropriate.
- **Controllo degli accessi**: Implementare sistemi di controllo degli accessi che limitino l'accesso ai dati personali solo a chi ne ha bisogno per motivi lavorativi. Ciò include l'uso di password sicure e autenticazione a più fattori.
- **Backup dei dati**: Stabilire procedure di backup regolari per garantire la disponibilità dei dati e prevenirne la perdita. I backup devono essere protetti e conservati in luoghi sicuri.
- **Aggiornamenti e patch**: Assicurare che i sistemi informatici siano costantemente aggiornati con le ultime patch di sicurezza per prevenire vulnerabilità.

9.3 Misure di Sicurezza Organizzative

Oltre alle misure tecniche, è fondamentale adottare misure organizzative:

- **Politiche di sicurezza**: Stabilire politiche di sicurezza dei dati che definiscano chiaramente le responsabilità e le procedure da seguire in caso di violazioni.
- **Formazione del personale**: Formare il personale sulle politiche di sicurezza e sui rischi associati al trattamento dei dati personali. La formazione dovrebbe includere le migliori pratiche per prevenire attacchi informatici, come il phishing.
- **Procedure per la gestione delle violazioni**: Stabilire procedure per la gestione delle violazioni dei dati, inclusa la comunicazione all'Autorità Garante e agli interessati, se necessario.

9.4 Monitoraggio e Audit della Sicurezza

Gli Enti Locali devono monitorare e auditare regolarmente le misure di sicurezza adottate:

- **Audit di sicurezza**: Eseguire audit di sicurezza per valutare l'efficacia delle misure implementate e identificare potenziali vulnerabilità.
- **Monitoraggio continuo**: Implementare sistemi di monitoraggio per rilevare accessi non autorizzati e attività sospette sui dati personali.

9.5 Gestione dei Fornitori e dei Terzi

Quando gli Enti Locali si avvalgono di fornitori esterni o terzi per il trattamento dei dati personali, devono garantire che anche questi soggetti rispettino le normative di sicurezza:

- **Valutazione dei fornitori**: Condurre una valutazione dei fornitori per assicurarsi che abbiano implementato misure di sicurezza adeguate.
- **Contratti di trattamento**: Stabilire contratti che disciplinano il trattamento dei dati personali, chiarendo le responsabilità delle parti e le misure di sicurezza da adottare.

9.6 Preparazione e Risposta alle Violazioni

È fondamentale essere preparati a gestire le violazioni dei dati:

- **Piano di risposta alle violazioni**: Creare un piano dettagliato per la gestione delle violazioni dei dati, inclusi i passi da seguire, le persone da contattare e i tempi di risposta.
- **Comunicazione**: Stabilire linee guida per la comunicazione con gli interessati e con l'Autorità Garante, garantendo che le informazioni siano accurate e tempestive.

10. Violazioni dei Dati e Gestione delle Conseguenze

Le violazioni dei dati personali possono avere gravi conseguenze per gli interessati e per gli Enti Locali stessi. È cruciale che gli Enti Locali siano preparati a gestire queste situazioni in modo efficace e conforme al GDPR. In questa sezione, esploreremo le definizioni, le procedure da seguire in caso di violazione e le responsabilità associate.

10.1 Definizione di Violazione dei Dati

Una violazione dei dati è qualsiasi violazione della sicurezza che porta alla distruzione, alla perdita, alla modifica, alla divulgazione non autorizzata o all'accesso ai dati personali. Le violazioni possono derivare da attacchi informatici, errori umani o difetti tecnici.

10.2 Obbligo di Notifica delle Violazioni

Il GDPR impone agli Enti Locali l'obbligo di notificare le violazioni dei dati all'Autorità Garante entro 72 ore dal momento in cui si ha conoscenza della violazione, a meno che la violazione non comporti un rischio per i diritti e le libertà degli interessati.

- **Contenuti della notifica**: La notifica deve includere una descrizione della violazione, le categorie e il numero approssimativo di interessati coinvolti, le conseguenze previste e le misure adottate o proposte per affrontare la violazione.

10.3 Informazione degli Interessati

Se la violazione comporta un rischio elevato per i diritti e le libertà degli interessati, gli Enti Locali devono informarli senza ingiustificato ritardo. Le comunicazioni devono essere chiare e comprendere informazioni su:

- La natura della violazione.
- Le misure adottate dall'ente per affrontare la violazione.
- Raccomandazioni per gli interessati su come proteggere i propri dati.

10.4 Valutazione delle Conseguenze

Dopo una violazione, gli Enti Locali devono valutare le conseguenze dell'incidente, inclusi:

- Impatti sui diritti e le libertà degli interessati.

- Possibili conseguenze legali e finanziarie per l'ente.

10.5 Misure Correttive e Prevenzione di Futuri Incidenti

È fondamentale adottare misure correttive per affrontare la violazione e prevenire future occorrenze. Questo può includere:

- **Audit post-violazione**: Eseguire un audit per identificare le cause della violazione e implementare le necessarie correzioni.
- **Revisione delle procedure**: Aggiornare le politiche e le procedure di sicurezza per affrontare le lacune identificate.

10.6 Formazione e Sensibilizzazione

Dopo una violazione, è opportuno rafforzare la formazione e la sensibilizzazione del personale sui rischi legati al trattamento dei dati e sulle misure di sicurezza.

10.7 Registrazione delle Violazioni

Gli Enti Locali devono tenere un registro delle violazioni dei dati, indipendentemente dal fatto che siano state notificate all'Autorità Garante o agli interessati. Questo registro deve includere dettagli sulla violazione, le conseguenze e le misure adottate.

11. Cooperazione con l'Autorità Garante

La cooperazione con l'Autorità Garante per la protezione dei dati personali è un aspetto fondamentale della governance dei dati. Gli Enti Locali devono instaurare un rapporto costruttivo e collaborativo con l'Autorità per garantire la conformità e affrontare eventuali problematiche. In questa sezione, esploreremo le modalità di cooperazione e comunicazione con l'Autorità Garante.

11.1 Ruolo dell'Autorità Garante

L'Autorità Garante è responsabile della supervisione e dell'applicazione del GDPR, e ha il potere di:

- Monitorare la conformità delle organizzazioni.
- Indagare su eventuali violazioni della normativa.
- Imporre sanzioni e misure correttive.

11.2 Obbligo di Collaborazione

Gli Enti Locali hanno l'obbligo di cooperare con l'Autorità Garante, che può includere:

- Rispondere tempestivamente a richieste di informazioni.
- Partecipare a indagini e audit.
- Fornire documentazione e prove relative ai processi di trattamento dei dati.

11.3 Segnalazione di Violazioni e Problemi

In caso di violazioni o problematiche significative riguardanti il trattamento dei dati, gli Enti Locali devono informare l'Autorità Garante:

- **Tempi di segnalazione**: La segnalazione deve avvenire senza ingiustificato ritardo, fornendo dettagli chiari sulla situazione.

11.4 Collaborazione nella Formazione e Consapevolezza

Gli Enti Locali possono collaborare con l'Autorità Garante per promuovere la formazione e la consapevolezza sulla protezione dei dati, partecipando a eventi, seminari e iniziative informative.

11.5 Partecipazione a Consultazioni e Procedimenti

Quando l'Autorità Garante avvia consultazioni pubbliche o procedimenti, gli Enti Locali dovrebbero partecipare attivamente per contribuire allo sviluppo di normative e linee guida.

11.6 Aggiornamento sulle Normative

È importante che gli Enti Locali si mantengano aggiornati sulle novità legislative e sulle linee guida dell'Autorità Garante, per garantire che le pratiche interne siano sempre conformi.

12. Responsabilità e Rendicontabilità

La responsabilità e la rendicontabilità sono principi fondamentali del GDPR che richiedono agli Enti Locali di dimostrare la loro conformità alle normative sulla protezione dei dati. Questa sezione esplorerà le responsabilità specifiche degli Enti e le modalità di rendicontazione.

12.1 Principio di Responsabilità

Gli Enti Locali sono responsabili del trattamento dei dati personali e devono essere in grado di dimostrare che le loro pratiche sono conformi al GDPR. Ciò implica:

- **Adozione di politiche e procedure**: Stabilire politiche interne che definiscano chiaramente le responsabilità e i processi per la gestione dei dati.
- **Documentazione**: Mantenere registri dettagliati delle attività di trattamento dei dati, incluse le finalità, le basi giuridiche e i destinatari.

12.2 Valutazioni di Impatto sulla Protezione dei Dati (DPIA)

Quando un trattamento presenta un rischio elevato per i diritti e le libertà degli interessati, gli Enti Locali devono effettuare una valutazione d'impatto sulla protezione dei dati:

- **Obiettivi della DPIA**: Identificare e mitigare i rischi associati al trattamento e dimostrare la conformità alle normative.
- **Documentazione della DPIA**: Registrare i risultati della DPIA e le misure adottate per affrontare i rischi identificati.

12.3 Formazione e Sensibilizzazione del Personale

La responsabilità non ricade solo sui DPO o sui dirigenti, ma deve essere condivisa da tutto il personale:

- **Programmi di formazione**: Implementare programmi di formazione per garantire che tutti i dipendenti comprendano le loro responsabilità relative alla protezione dei dati.

12.4 Audit e Monitoraggio

Gli Enti Locali devono effettuare audit regolari delle loro pratiche di trattamento dei dati:

- **Audit interni**: Valutare l'efficacia delle misure di protezione dei dati e identificare aree di miglioramento.

- **Monitoraggio continuo**: Stabilire un processo di monitoraggio per garantire che le pratiche siano costantemente conformi alle normative.

12.5 Comunicazione e Reporting

Gli Enti Locali devono essere trasparenti riguardo alle loro pratiche di trattamento dei dati:

- **Informativa sulla privacy**: Pubblicare informative chiare e accessibili che spieghino come vengono trattati i dati personali.
- **Report di conformità**: Creare report periodici che documentino le attività di trattamento e le misure adottate per garantire la protezione dei dati.

12.6 Sanzioni e Responsabilità Legali

Il GDPR prevede sanzioni significative per il mancato rispetto delle normative:

- **Sanzioni amministrative**: Gli Enti Locali possono essere soggetti a sanzioni pecuniarie e obblighi di risarcimento in caso di violazioni.
- **Responsabilità legale**: È fondamentale che gli Enti Locali comprendano le proprie responsabilità legali e le possibili conseguenze in caso di mancato rispetto della normativa.

Conclusioni e Raccomandazioni Finali

In questa sezione finale, riepilogheremo i punti chiave trattati nel manuale e forniremo raccomandazioni pratiche per gli Enti Locali per migliorare la loro gestione dei dati personali e la compliance al GDPR.

13.1 Riepilogo dei Punti Chiave

- **Importanza della Compliance**: La conformità al GDPR non è solo un obbligo legale, ma è fondamentale per proteggere i diritti degli interessati e mantenere la fiducia del pubblico.
- **Gestione dei Dati**: Gli Enti Locali devono adottare pratiche di gestione dei dati trasparenti e responsabili, garantendo che i dati personali siano trattati in modo lecito e appropriato.
- **Diritti degli Interessati**: È essenziale garantire che gli interessati possano esercitare i loro diritti in modo semplice e accessibile.
- **Sicurezza dei Dati**: La protezione dei dati deve essere una priorità, con misure tecniche e organizzative adeguate in atto per prevenire violazioni.
- **Cooperazione con l'Autorità Garante**: La comunicazione e la cooperazione con l'Autorità Garante sono fondamentali per garantire una corretta applicazione delle normative.

13.2 Raccomandazioni Pratiche

1. **Implementare un Piano di Conformità**: Gli Enti Locali dovrebbero sviluppare e attuare un piano di conformità completo per gestire i dati personali.

2. **Formazione Continua**: Investire nella formazione continua del personale per garantire che tutti siano aggiornati sulle pratiche di protezione dei dati.
3. **Monitorare e Auditare le Pratiche**: Eseguire audit regolari e monitoraggio delle pratiche di trattamento dei dati per garantire la compliance.
4. **Stabilire Procedure di Risposta alle Violazioni**: Creare un piano dettagliato per la gestione delle violazioni dei dati e delle comunicazioni con gli interessati e l'Autorità Garante.
5. **Rivedere Periodicamente le Politiche**: Rivedere regolarmente le politiche e le procedure di protezione dei dati per adattarsi ai cambiamenti normativi e alle best practices.

13.3 Chiusura

In conclusione, la gestione dei dati personali e la protezione della privacy sono responsabilità fondamentali per gli Enti Locali. Attraverso pratiche solide e una cultura della protezione dei dati, gli Enti possono garantire la conformità al GDPR e proteggere i diritti degli interessati.

14. Esempi Pratici e Casi Studio

Questa sezione fornisce esempi concreti di come gli Enti Locali abbiano implementato con successo la normativa GDPR, affrontando criticità e sviluppando flussi di lavoro efficaci.

14.1 Casi di Successo

Caso Studio 1: Comune di Torino

Iniziativa: Formazione del personale

Il Comune di Torino ha implementato un programma di formazione annuale per tutti i dipendenti riguardante la protezione dei dati. Attraverso workshop e sessioni di elearning, i dipendenti hanno acquisito competenze sulle pratiche di protezione dei dati, i diritti degli interessati e le procedure di segnalazione delle violazioni.

Risultato: Un aumento della consapevolezza e una significativa riduzione delle violazioni legate a errori umani.

Caso Studio 2: Comune di Bologna

Iniziativa: Implementazione di un sistema di gestione delle richieste di accesso

Il Comune di Bologna ha sviluppato un sistema online per gestire le richieste di accesso ai dati personali, consentendo agli interessati di inviare le loro richieste in modo semplice e veloce.

Risultato: Riduzione dei tempi di risposta e aumento della soddisfazione degli utenti.

14.2 Criticità Riscontrate e Soluzioni

Criticità 1: Gestione delle richieste di accesso

Molti Enti Locali hanno segnalato difficoltà nella gestione delle richieste di accesso ai dati, in particolare per quanto riguarda la tempestività delle risposte.

Soluzione: Implementazione di un protocollo standardizzato per la gestione delle richieste, con scadenze definite e un team dedicato a rispondere.

Criticità 2: Consapevolezza del personale

La mancanza di formazione e consapevolezza tra il personale ha portato a errori nel trattamento dei dati.

Soluzione: Creazione di corsi di formazione obbligatori e campagne di sensibilizzazione, come eventi di formazione continua e comunicazioni regolari via e-mail.

14.3 Schemi di Flusso di Lavoro

Flusso di lavoro per la gestione delle violazioni dei dati

1. **Identificazione della violazione:** Segnalazione da parte del personale.
2. **Valutazione del rischio:** Analisi dell'impatto della violazione sui diritti degli interessati.
3. **Comunicazione:** Notifica agli interessati e all'Autorità Garante, se necessario.
4. **Misure correttive:** Implementazione di misure per prevenire future violazioni.

Flusso di lavoro per la gestione delle richieste di accesso

1. **Ricezione della richiesta:** Accettazione tramite portale online.
2. **Verifica dell'identità:** Conferma dell'identità del richiedente.
3. **Ricerca dei dati:** Raccolta delle informazioni richieste.

4. **Comunicazione:** Invio della risposta entro i termini stabiliti.

15. Conclusioni e Bibliografia

15.1 Riflessioni Finali

La gestione dei dati personali e la protezione della privacy sono diventate priorità fondamentali per gli Enti Locali. Attraverso una gestione efficace, è possibile garantire la conformità al GDPR, tutelando al contempo i diritti degli interessati e mantenendo la fiducia della comunità. Le buone pratiche identificate in questo manuale possono servire come guida per migliorare continuamente le proprie procedure.

15.2 Bibliografia e Riferimenti Normativi

- Regolamento (UE) 2016/679 del Parlamento Europeo e del Consiglio del 27 aprile 2016.
- Garante per la protezione dei dati personali, "Linee guida per il trattamento dei dati personali negli Enti Locali".
- Articoli e pubblicazioni scientifiche sul GDPR e la protezione dei dati.
- Documentazione interna degli Enti Locali partecipanti ai casi studio.

16. Appendici

16.1 Modelli di Documenti Utili

Modello di Registro dei Trattamenti

Nome del trattamento	Finalità	Base giuridica	Responsabile	Periodo di conservazione
Trattamento Anagrafica	Gestione servizi comunali	Esecuzione di un contratto	Ufficio Anagrafe	5 anni dopo la cessazione

Modello di Informativa Privacy

Informativa Privacy - [Nome dell'Ente] *Ultimo aggiornamento: [data]*

1. **Finalità del trattamento:** [Descrivere le finalità]
2. **Base giuridica:** [Indicare la base giuridica]
3. **Diritti degli interessati:** [Elencare i diritti]
4. **Contatti:** [Informazioni di contatto del DPO]

16.2 Schemi Riassuntivi

Schema Riassuntivo della Procedura di Accesso ai Dati

1. Ricezione della richiesta
2. Verifica dell'identità
3. Raccolta delle informazioni

4. Invio della risposta

Best Practices per la Compliance

- Formazione regolare del personale.
- Monitoraggio continuo delle pratiche di trattamento.
- Implementazione di un protocollo per la gestione delle violazioni.

www.ingramcontent.com/pod-product-compliance
Lightning Source LLC
Chambersburg PA
CBHW070353230526
45471CB00006B/2543